Christophe Alévêque et Marc Large

J'AIME PAS la crise

hoëbeke

DÉJÀ PARUS DANS LA MÊME COLLECTION :
Charb, *J'aime pas les fumeurs*
Luz, *J'aime pas la chanson française*
Trez, *J'aime pas les people*
Riss, *J'aime pas l'école*
Patrick Pelloux et Charb, *J'aime pas la retraite*
Florence Cestac, *J'aime pas les gens qui se prennent pour…*
Lefred-Thouron et Lindingre, *J'aime pas le téléphone portable*

Dépôt légal : mars 2013
ISBN : 9782-84230-465-2
ISSN : 1956-533-X

Photogravure : Apex

Imprimé en Belgique par l'imprimerie Proost

Définition de la crise

« Nous sommes tous des Grecs allemands. »

Avant de démarrer la lecture de cet ouvrage, permettez-moi d'avoir une pensée émue et solidaire pour nos amis grecs, ces fainéants de Grecs. En effet, nos collègues d'Hellénie ont toujours été à la pointe de la modernité puisqu'ils en sont à leur 5e année de récession et à leur 127e plan de rigueur.

C'est plus un trou du cul qu'ils ont, c'est un entonnoir.

Ne rigolons pas trop et commençons à nous entraîner avec des petites carottes bio du jardin.

La Grèce, berceau de la démocratie, maintenant vendue en pièces détachées, le symbole du progrès en marche.

Vous me direz : pourquoi cette crise est-elle si grave ? Eh bien, parce qu'elle touche des pays riches. Point.

Crise qui, comme vous l'aurez constaté, est comparable à une catastrophe nucléaire : c'est un enchaînement dramatique de situations stables.

Mais au fond, qu'est-ce qu'une crise ?

Un événement pénible et contre-productif qui surgit au moment même où l'on aurait dû s'y attendre. C'est trop ballot.

Une crise de couple nous rappelle qu'on aurait dû réfléchir avant, une crise de foi nous rappelle qu'on a une vie sexuelle et une crise d'urticaire nous rappelle les deux à la fois.

Une crise financière est un événement qui nous rappelle qu'on aurait dû faire gaffe avant.

LA MAIN TENDUE DE
L'EUROPE À LA GRÈCE...

Une crise financière débouche sur une crise économique, qui débouche elle-même sur une crise globale, puis sur une crise d'urticaire.

Elle est en général prévue juste après avoir eu lieu.

On évoque tout d'abord une « stagnation » avant de déplorer un « passage à vide », puis un « ralentissement très fort », puis une « récession en cours ». Ensuite la crise aura bon dos puisqu'elle sera responsable de tout. Ce qui est injuste.

La crise a évolué, elle désignait autrefois un moment difficile pour les banquiers, elle est désormais un moment difficile pour leurs clients seulement.

Mais elle a des vertus éducatives. En effet, nous connaissons maintenant la différence entre l'économie virtuelle et l'économie réelle : pour défendre le capital on parle en milliards, pour défendre l'emploi en millions.

Nous avons également appris ce que représente le taux de croissance. Il mesure l'évolution de la prospérité de chacun à travers le pognon de tout le monde et dont chacun n'a pas vu la couleur.

Le taux de croissance est tout d'abord prévu, puis révisé et finit par disparaître, puisqu'il n'est jamais au rendez-vous. C'est Godot !

Et l'économie est une pièce de théâtre sur la scène du marché.

Certes, 61 % des Français pensent que 2013 sera pire que 2012, les autres sont étudiants.

Mais arrêtons d'avoir peur, l'angoisse affaiblit les neurones.

LA CIGALE FIT LA BRINGUE TOUT L'ÉTÉ...
SOCIÉTÉ, SOCIÉTÉ...
PENDANT CE TEMPS LA FOURMI TRAVAILLAIT SANS CESSE...
ASSISTÉE !
QUAND LA BISE FUT VENUE, LA FOURMI MIT SON ARGENT EN BOURSE ET SE REPOSA...
HIN HIN HIN...
CREVEZ, BANDE DE FEIGNASSES !
MAIS QUAND LA CRISE FUT VENUE, LA FOURMI AVAIT TOUT PERDU...
VOUS AVIEZ LE CHOIX ENTRE VENDRE OU TRIPLER LA LIGNE...
FALLAIT PAS TRIPLER LA LIGNE !!
LA CIGALE, ELLE, FUT REPÉRÉE PAR UN PRODUCTEUR ET ENCHAÎNA LES CONCERTS...
LOVE
SVP
HEY... LA CIGALE, QUAND TU CROISERAS JEAN DE LA FONTAINE, DIS-LUI QUE JE L'EMMERDE !

Crise : le mécanisme de la peur ; moteur, action !

« Nous faire penser au pire pour nous faire avaler le mauvais. »

On est bien obligé de le reconnaître, la mise en scène est léchée, le film à suspense écrit aux petits oignons, la théâtralisation soignée.

Tout va s'écrouler… et puis non ! Tellement réaliste qu'on finirait par croire que c'est une fiction.

On voudrait nous faire peur juste pour nous rassurer tout en nous maintenant dans l'angoisse qu'on ne s'y prendrait pas autrement.

À se demander si c'est le virtuel qui cache le réel ou l'inverse.

Est-ce qu'on est manipulé ou endetté ? Ou les deux ? Être ou ne pas être… Est-ce que tout cela n'a pas pour unique but de nous faire penser au pire pour nous faire avaler le mauvais ?

Tout cela pour, au bout du compte, imposer à nos cerveaux las et coupables la preuve irréfutable que : « Vous le voyez bien, le système fonctionne puisqu'il bande encore. »

De plan de sauvetage en plan de sauvetage, nos certitudes sont en errance et la rigueur taille sa route sûre d'elle et de ses fondements. Principe du bourrage de crâne fondé sur un mécanisme très simple, voire vulgaire, voire grossier : « Avale, c'est pas du sperme. »

Les Bourses jouent au yo-yo, les « krachounets » se multiplient, tout va s'écrouler, c'est la fin d'un monde ! Et puis… non, tout est sous contrôle, nous sommes sauvés.

Les États-Unis vont se retrouver en défaut de paiement, l'économie mondiale est en péril, l'effet domino va faire l'effet d'un cancer généralisé avec métastases financières internationales ! Et puis… finalement non, la planche à billets fonctionne, nous sommes sauvés.

Les vilains pays « cigales » de la zone euro plongent les gentilles banques « fourmis » dans la spirale infernale de l'ardoise non remboursable, les actions des banques chutent, l'argent du contribuable va s'envoler en fumée et puis… non, un plan magique a été échafaudé, nous sommes sauvés.

C'est pas fini ! Nouveau suspense, nouvelle mise en scène : le sommet du G20, le sommet de la dernière chance ! Si l'axe franco-allemand saute, tout saute ; l'euro, l'Europe, les banques, les Bourses, le monde, la Chine va nous envahir, c'est le retour de la ligne Maginot ! Et puis… non, un plan de paix économique tombe du ciel à 4 heures du matin, nous sommes sauvés !

Pas fini ! L'Italie est dans le collimateur à son tour, une dette abyssale, elle va entraîner le pouvoir d'achat de 300 millions de citoyens européens au niveau de la mer ! Et puis… non, Berlusconi (maquereau italien qui est à la politique ce que le bunga bunga est à l'opéra) saute à son tour, il est remplacé comme le Grec par un expert-comptable, les financiers ont réussi là où le peuple a échoué ! Nous

ÇA FOUT LES JETONS... LA CRISE POURRAIT ARRIVER JUSQU'À NOUS...

sommes sauvés ! Merde, j'ai oublié l'Espagne ! Et le Portugal ! Mais alors, qui va faire le ménage ?

La France va perdre ses trois A. La France va être dégradée, humiliée, outragée ! Et puis… non ! Ou plutôt si, mais non. On nous explique que c'est pas si grave et que, de toute façon, on s'en sort mieux que les autres ! Nous sommes sauvés !

Le spectacle politico-financier peut tenir vingt ans comme ça, avec des hauts et des bas qui font le bonheur des spéculateurs. Comme disent les banquiers : « *The show must go on !* »

IL M'A DIT QU'ON A DE LA CHANCE DE NE PAS SAVOIR LIRE...
PRÊT AUX BANQUES L'ÉTAT PERD 42 MM
LES PLUS GROS SALAIRES
B.ARNAULT 2 200 000
RIBERY 11 400 000
DEPARDIEU 2 920 000
S.LOEB 10 000 000
D.GUETTA 25 000 000
REBOND CAC 40 !

ET SI ON FAISAIT UN CRÉDIT POUR SE PAYER LES CONSEILS DE JACQUES ATTALI !!!
FACTURE
RAPPEL
LARGE

La crise et l'hypocondrie médiatique

« Comment rêver sa vie quand on est pris
dans la dictature du quotidien ? »

Cessons d'amplifier le danger nourri par les médias. La morosité ambiante devient mon spleen, la réalité du monde devient mon piètre quotidien et on finit par se rassurer dans l'angoisse. Spirale infernale nourrit par une overdose d'infos. Comment penser au long terme rêver sa vie, quand on est pris dans la dictature de l'instant ?

L'angoisse crée le pessimisme, qui engendre du défaitisme, qui lui-même fabrique de l'impuissance, qui à son tour nourrit la résignation, pour finir par une tétanie de la pensée, autrement dit au niveau zéro de la réflexion. La voix est libre, nous sommes totalement absents parce que trop présents.

Prenons de la hauteur, du recul, respirons, baisons, pensons.

Si l'autruche ne mettait pas sa tête dans le sable, elle serait morte de peur, si elle la met, elle se fait enculer. Essayons d'être des autruches à tête haute, des autruches spirituelles, philosophes, des autruches qui regardent vers l'avant pour protéger leurs arrières, bref des autruches avec les deux pieds dans la merde mais la tête dans les étoiles.

Tout va bien, je vous le dis.

Mais vous n'êtes pas obligés de me croire.

AU DÉBUT, HOMO SAPIENS ÉTAIT UN NOMADE...
♫ DJOBI DJOBA ♪
IL SUIVAIT DES TROUPEAUX POUR SE NOURRIR...
IL S'EST RÉPANDU SUR LA TERRE. LES CLIMATS ET LA DISTANCE ONT GÉNÉRÉ DES LANGUES ET COULEURS DIFFÉRENTES...
有无名可
万天名母
QU'EST-CE QUE C'EST QUE CE CHARABIA ?
IL N'Y AVAIT PAS DE PROPRIÉTÉ...
ALLEZ... C'EST MON TOUR !
JUSTE UN PEU DE TROC...
2 COQUILLAGES...
ÇA SENT L'ARNAQUE, MAIS OK...
LES TRIBUS SE RELAYAIENT DANS LES MÊMES GROTTES...
CHÉRI, DES VOYOUS ONT TAGUÉ SUR LES MURS...
ENSUITE QUAND L'HOMME A DÉCOUVERT L'AGRICULTURE IL S'EST SÉDENTARISÉ...
SI ON AVAIT DÉJÀ INVENTÉ LA MONTRE, ÇA ME DÉPRIMERAIT...
C'EST LÀ QU'IL A INVENTÉ LE CAPITALISME ET LE NATIONALISME...
C'EST CHEZ MOI...
?
POUR FAIRE PEUR À CEUX QUI REFUSAIENT CE PRINCIPE, IL INVENTE DIEU ET LA PUNITION APRÈS LA MORT...
TU NE ME VOLERAS POINT...
AAAMEN...

C'ÉTAIT LE DÉBUT DES EMMERDES : L'INVENTION DE DIEU, DES FRONTIÈRES ET DE L'ARGENT :
3 COQUILLAGES LA SÉANCE, ÇA FAIT CHER, NON ?
MESSIEURS, LE CIEL VU DE LA TERRE !
WHAAA...
ET PUIS VINT HOMO SAPIENS SAPIENS... ENCORE PLUS MALIN : IL INVENTA LA CRISE !
IL VA FALLOIR BOSSER PLUS SI ON NE VEUT PAS PERDRE NOS 3A
SI VOUS ÉTIEZ MOINS CON, JE VOUS EXPLIQUERAIS LA NÉCESSITÉ D'UNE BONNE AUSTÉRITÉ POUR UN VRAI REDRESSEMENT PRODUCTIF...
REVENDICATION
LARGE

Dans la série « la plus drôle des trente dernières années » : l'histoire des 3 % de déficit

« Qui a peur ? Le peuple. Qui faut-il rassurer ? Les marchés. »

Tu paies ou tu meurs, la fin ou la rigueur. Des questions ? C'est la règle d'or.

Vous savez, ces 3 % qui rythment notre quotidien, ces 3 % de déficit qu'il ne faut pas dépasser sous peine d'excommunication européenne, ces 3 % qui poussent le gouvernement à faire des économies partout, ces 3 % qui nous soumettent à la rigueur,

Ces 3 % du PIB dont on nous serine les oreilles, ce Graal budgétaire, cet objectif auquel il faut se tenir comme le pendu à la corde.

Je me suis toujours demandé : Pourquoi 3 ? Mais sur quelle théorie fumeuse est fondé ce chiffre d'or ? Qui a décidé cela ? Mais d'où vient ce 3 ?

Eh bien, de nulle part. Plus précisément, on vient de l'apprendre sans le retentissement médiatique digne d'un « tweet » de première dame, du cerveau d'un fonctionnaire du ministère des Finances, un certain Guy Abeille, un soir de juin 1981. Mitterrand, irrité par l'esprit par trop dépensier de ses ministres, demande que l'on trouve une solution pour les

LES NOUVEAUX BRAQUEURS...
?
ABOULE LE FRIC !
SERVEZ VOUS
UN PRÊT À 85% TOUT DE SUITE !

"LA CRISE EST EN GÉNÉRAL PRÉVUE JUSTE APRÈS AVOIR EU LIEU."
VOUS AURIEZ DÛ VENIR AVANT...
AVANT D'ÊTRE MALADE ?
DOCTEUR ANTI CRISE

CRISE DE FOI
ÉCOUTEZ, VOS IDÉES DE HIPPIE COMMUNISTE NOUS METTENT EN DANGER ...
VOUS AVEZ FAIT CHUTER LES COURS DU VIN ET DU BLÉ...
À CHANGER L'EAU EN PINARD ET À MULTIPLIER LES PAINS...
PONTIVS PILATVS PRAEFECTVS IVDAEAE
INRI
DÉSOLÉ, MEC. C'EST LA CRISE... DEUX CLOUS PAR MESSIE...
LES CONS !
LAISSE, TITUS. IL VA LES MULTIPLIER...
HU HU HU ...

freiner du portefeuille. Sitôt dit sitôt fait, en une heure de temps montre en main, un soir d'été à l'apéro, sur le coin d'une table, notre homme invente le 3 ! Chiffre rond, qui sonne bien, qui rappelle la Trinité, facile à retenir et qui ne repose sur aucune théorie économique : une invention de l'esprit. C'est vrai !

La suite, vous la connaissez ; les experts en expertise les plus brillants reprennent la non-théorie, Bruxelles s'en empare : et 1, et 2, et 3, c'est parti !

Mais pourquoi cet homme n'a-t-il pas pensé aux nains plutôt qu'à la Trinité ?!

Si cet homme avait pensé à Blanche-Neige ce soir-là, nous ne serions pas en crise ! 7 % de déficit autorisé, nous serions en période de prospérité, de croissance, d'investissement, le moral serait au beau fixe, les gens dépenseraient sans compter, les usines fonctionneraient à plein régime, penser à l'avenir ne serait plus un luxe…

Comme quoi, ça tient à peu de chose. Au verre de vin que cet homme a siroté le soir même ?

La crise, ça sert à rien !

« C'est pas parce qu'on est en crise
que l'on comprend mieux ses erreurs, au contraire... »

La crise, ça sert à rien !

« C'est pas parce qu'on est en crise que l'on comprend mieux ses erreurs, au contraire... »

Si l'on se posait cette question simple et emplie d'un bon sens de maquignon bourguignon père de famille : Une crise, ça sert à quoi ? Eh bien, nous ne serions pas en crise. Quand on se pose la question : « La crise, ça sert à qui ? » on comprend mieux, mais en général c'est trop tard.

Une crise économique et financière fait augmenter le prix de la bière et des cigarettes ! Donc le cancer et la cirrhose coûtent de plus en plus cher. Être malade devient un luxe. Or être malade ça ne sert à rien. Donc le luxe ne sert à rien et la crise aussi.

La crise crée de la dépression, donc elle nourrit les laboratoires pharmaceutiques et les psys qui n'en avaient pas besoin puisqu'ils étaient déjà en pleine santé, donc la crise nourrit les gens en bonne santé.

Elle oblige l'État à augmenter les taxes et les impôts. Elles forcent nos artistes, nos sportifs et nos hommes d'affaires, bref tous nos talents, à quitter le territoire pour aller voir ailleurs si le climat est meilleur pour leur santé financière. Et nous, qui n'avons aucun talent hormis celui

LA CRISE ME POUSSE À DES IDÉES SUICIDAIRES ...
HUM... SI VOUS POUVIEZ PAYER LES PROCHAINES SÉANCES PAR AVANCE, ÇA M'ARRANGERAIT...

de payer, on va se retrouver avec tous ceux qui n'ont pas de talent non plus. Un pays de mauvais ! De nuls !

Et si tous les cerveaux partent, on ne trouvera jamais de solutions pour sortir de la crise. La solution est en Belgique, au Luxembourg, en Suisse…

Cette évasion cérébrale et fiscale va nous obliger à annexer tous ces pays pour récupérer nos talents et leur argent. Déclarer la guerre aux paradis voisins pour éviter l'enfer chez nous. Mais la guerre, ça ne sert à rien, à part peut-être à relancer l'économie. Vous allez voir qu'on va finir par en arriver là quand on aura essayé tout ce qui ne sert à rien.

Parce que finalement ça sert à quoi de s'endetter ? Prenons un individu lambda qui va boire un coup au bar, disons même plusieurs, disons même plusieurs jours de suite, et qui paie en fin de semaine. Il va faire une ardoise, il picole à crédit, il est endetté.

Mais au moins il a eu le plaisir de siroter alors que, pour la dette publique, on ne fait que trinquer.

Dette publique, la dette à tout le monde, que nous appellerons vulgairement : dette dans le cul. D'où l'expression : ce matin l'Europe s'est réveillée avec la dette dans le cul. Alors que certains n'ont même pas picolé ! C'est injuste et ça ne sert à rien puisqu'il n'y a même pas de plaisir.

La dette publique, qui s'élève aux alentours de 1900 milliards d'euros, mais elle bouge tout le temps ce qui explique qu'il est très difficile de la prendre en photo, n'est donc pas une dette classique comme la dette des ménages et pourtant

BOUTONS LA CRISE HORS ...
DE LA SUISSE

DÉGUEULASSE!
SECRET BANCAIRE SUISSE

TU AS PERDU TA FEMME, TA MAISON, TON BOULOT ... T'ES PLUS À 100 BALLES PRÈS...
ÉLISABETH TEISSIER
RAËL
PACO RABANNE
VOYANCE, CONSEILS, GUÉRISONS, ETC.
(CB ACCEPTÉE)

ce sont les ménages qui doivent payer et y a même pas de nouveau canapé dans la maison. Elle sert à quoi, cette dette ? Justice, éducation, santé, routes… Alors c'est une dette d'honneur. Mais aussi une dette de jeu et c'est là que le bât blesse. La première, on veut bien la régler, la seconde, non. Elle ne nous a servi à rien.

Arrêtons de paniquer, nous avons toujours été endettés, cela remonte à la création de la première pièce de monnaie.

Historiquement, la première trace de dette remonte à la Mésopotamie en 2600 avant J.-C., à Sumer et Babylone.

Et nous avons survécu. Comment réglait-on ses dettes à l'époque ? Eh bien, on tuait quelques intendants pour solder les comptes. Véridique. C'est la faute à machin, je le supprime et on efface l'ardoise. Prenons exemple sur les Anciens.

Faisons une enquête pour retrouver les coupables, les responsables de la dette actuelle. Par exemple, au hasard : les spéculateurs (évitons de nous trouver nous-mêmes, on ne va tout de même pas se suicider). On en supprime quelques-uns en échange d'une partie de l'ardoise ; une bonne idée de résolution à adopter au prochain sommet du G20. Voilà qui serait enfin utile.

En attendant, on a déjà remboursé une grosse partie de notre dette plusieurs fois, puisque la dette crée de la dette à cause des intérêts. Et ça, ça ne sert à rien. Alors le premier qui me dit « Qui paie ses dettes s'enrichit », je lui fais bouffer sa calculette. Non, qui paie ses dettes s'endette. Ce qui servira toujours à quelques-unes.

Avec la crise, on n'est plus en démocratie

« Dans le monde que nous avons inventé l'argent est roi, ne nous plaignons pas d'être des laquais. »

Nous vivons dans un pays laïque, la séparation de l'Église et de l'État est effective et efficace depuis plus d'un siècle. Certes l'Église et ses ouailles nous brisent les esprits de temps à autre en éructant contre l'avortement ou contre le mariage des homos.

À noter que les trois principales religions, catholique, juive et musulmane, sont toutes d'accord pour être contre le mariage pour tous. Comme quoi l'homosexualité est un moyen de réconciliation entre les religions. On devrait peut-être organiser une Gay Pride dans la bande de Gaza ?

Mais malgré deux mille ans de morale judéo-chrétienne empreinte de culpabilité à tous les étages, nous arrivons à les laisser croire pendant que nous pensons. Tout va pour le moins mal dans le moins pire des mondes, comme dirait un Candide réaliste.

Sauf que…

Une nouvelle religion est née, sournoisement mais publiquement, prônant la liberté, l'échange, la stabilité et la paix entre les peuples ; la religion du marché tout-puissant, appelée dans les saintes écritures comptables : libéralisme. Pour l'instant, aucune loi n'existe encore pour la séparer de l'État.

MUSEE
500
© BCE ECB EZB EKT EKP 2001
500
500 EURO
ΕΥΡΩ
SENS DE LA VISITE
WHAAA !!

NO PRESENT
MOODY'S
STANDARD & POOR'S
FITCH
INGS
GOLDMAN SACHS

Voilà des dizaines d'années que ses apôtres nous prêchent la bonne parole : un seul chemin est possible, un seul système est possible qui nous guide vers la lumière, celui que nous montre le dieu du marché tout-puissant. Croire en autre chose relève de l'hérésie. Remettre en cause le système, ne serait-ce qu'en pensée, est un péché qui mènerait tout droit au chaos !

La sainte économie est ma foi, la Bourse est mon église. Le Père, le Fils et le Saint-Esprit ont été remplacés par la productivité, la compétitivité et la rentabilité.

Amen !

Ne nous berçons donc plus de liberté de choix. La voie est tracée, la production est mon guide, le consommateur est mon sauveur.

Le suffrage universel n'y changera rien, la démocratie n'existe plus, puisque le choix n'existe plus. Caricatural me direz-vous, la réalité l'est plus encore. Si la démocratie c'est le panurgisme des faibles, le libéralisme est son berger. Les idéologies qui mettent l'humain au centre des préoccupations sont devenues minoritaires, elles sont réservées aux autistes et aux ringards.

L'individualisme et la réussite personnelle sont érigés en lois divines et les États ramassent les agneaux égarés ; les profits d'un côté, les pertes de l'autre. Alléluia !

La confusion a été bien entretenue entre liberté et libéralisme. Pourtant, si la liberté remplit les hommes, le libéralisme les vide.

NOËL DE CRISE
CLING CLONG
CLING
VITE VITE!!
AU VOLEUR!

Le libre-échange n'a rien d'une partouze, chacun pense à son cul. Comme quoi, on peut prôner la liberté et enfermer les peuples dans un système diabolique, donc attirant.

Comme dans toute forme de religion, dans l'Ancien et le Nouveau Testament du marché, un monde merveilleux s'ouvre à l'humanité qui sera sauvée du chaos qui l'attend et vivra heureuse dans l'enrichissement et le progrès. Amen. À l'ouest comme à l'est rien de nouveau. Avec le communisme, on a construit un mur, avec le néolibéralisme, on fonce dedans. Si on votait pour changer tout cela ? C'est fait. Et alors ? Rien. Les politiques ont fait des lois pour que les braqueurs des temps modernes agissent en toute légalité. Du coup, on ne peut même plus les arrêter.

Pourtant tout cela part d'un bon sentiment...

Un exemple, pour n'en citer qu'un, suivez le guide. Parlons de pognon, puisque saint Flouze est ma croix.

Une vieille décision datant de Pompidou 73, recyclée plus tard dans le traité européen, je sais c'est chiant mais la crise aussi c'est chiant, veut que les banques centrales ne puissent plus prêter directement aux États et soient donc obligées de passer par des banques privées. Intermédiaires financiers qui au passage prennent un pourcentage et jouent au casino. Du coup l'argent coûte plus cher. Vous me direz, c'est con. Certes, mais c'est pour notre bien.

C'est pour préserver l'indépendance ! Pour que les banques centrales ne soient pas à la merci des politiques ! Idée qui nous vient de l'Allemagne d'après guerre, pour éviter qu'un nouveau Hitler fasse main basse sur la banque de son État et vous connaissez la suite. Vous saisissez la ruse de Sioux ? Et tu peux toujours organiser un référendum pour changer le mécanisme, quel que soit le résultat, le résultat sera le même.

Donc en résumé : nous sommes dans une forme de démocratie antidémocratique pour éviter le fascisme.

Décidément, elle a bon dos la paix et certains savent l'utiliser à leur bonne fin pendant que les autres ont faim.

L'avantage d'une guerre économique sur une guerre classique, c'est qu'elle fait moins de morts mais surtout... ça se voit moins.

CRISE DE DROITE
CASSE-TOI PAUV'CON ...
CRISE DE GAUCHE
LAMBERT, C'EST AVEC UN REGRET NON DISSIMULÉ QUE NOUS ALLONS NOUS SÉPARER...

La crise, c'est absurde

« Avant, une banque c'était un endroit
où tu donnais de l'argent pour qu'on te le prête,
maintenant c'est pour qu'on te le vole. »

L'instabilité crée de l'absurdité qui devient la vérité. Autrement dit : en temps de crise, la vérité est absurde. Nous avalons des couleuvres qu'on nous vend au prix du filet de sole.

Un exemple parmi d'autres, seriné en boucle par les tenants de « l'anarchie économique unilatérale » (c'est plus fun qu'ultralibérale) et relayé par les experts en expertise médiatique qui changent d'avis comme de plateau : pour créer de l'emploi il faut licencier.

Non-sens qui fini sous l'effet « bourrage de crâne » par devenir une presque évidence. On nous dirait « Pour monter il faut descendre », nous ririons en chœur. Quand les ouvriers sont virés, ils ne rient même pas, alors que c'est bon pour la santé. Qu'ils ne se plaignent pas de développer des cancers.

Le surréalisme, c'était Dalí. De nos jours, c'est « licencier quand on fait des bénéfices », à ne pas confondre avec « licencier pour faire plus de bénéfices », qui n'était que l'esquisse de l'œuvre d'art conceptuelle qu'est devenue l'économie moderne.

Résultats des courses, les grands patrons modernes et

BANQUE
RETRAIT
DÉPÔTS
ATTENTION CRISE MÉCHANTE
LARGE

J'AI UNE BONNE NOUVELLE ...
JE SUIS HEUREUX DE VOUS ANNONCER QUE NOTRE ENTREPRISE DE SUCRE DE CANNE ENREGISTRE UNE FORTE PROGRESSION DU C.A. : +27 %

multinationalistes n'ont qu'un seul but : se faire licencier pour faire fortune.

Beaucoup d'argent circule, donc existe, pourtant nous avons contracté, comme disent les spécialistes en spécialisation qui prévoient les événements après leur arrivée, une dette gigantesque. Mais qui sont les agents de la circulation ? Ceux qui vendent les voitures. Imaginez l'équipe de BMW régler le trafic automobile. Il n'y aurait pas de code de la route, donc beaucoup plus d'accidents, donc plus de voitures vendues. Comment se justifierait-elle ? En nous jurant les yeux dans les yeux et la main dans la poche que la circulation c'est comme l'économie, elle s'autorégule. Sauf quand tu prends un camion dans la tronche, évidemment.

Réaction en chaîne dans le monde de l'absurde, les gouvernements se retrouvent devant une drôle de situation qui fait pleurer les électeurs : comment relancer la croissance en diminuant la dette, autrement dit : comment dépenser de l'argent en faisant des économies, autrement dit : comment nager dans la piscine sans se mouiller ? Il faut marcher sur l'eau ! Il faut un miracle ! Il faut avoir la foi ! Mais la foi dans quoi ? Dans le marché, c'est-à-dire la source de nos emmerdes. Des questions ?

Pourtant des profits sont générés, la preuve, certains en font. Mais où vont tous ces bénéfices ? Ils sont privatisés et les pertes socialisées. Les profits au Luxembourg et les pertes pour ta pomme. Si l'on comparait la nation à une équipe, ce qui n'apparaît pas une hérésie dans une démocratie, la victoire est individuelle et la défaite collective. Nous jouons ensemble mais pas le même match. Si c'est possible.

Pour pallier tous ces paradoxes confinant à l'injustice, que le quidam finit par ressentir dans son fondement, de grands esprits équitables et charitables ont créé le « ministère du Redressement productif », censé défendre la veuve et l'ouvrier devant l'ogre capitaliste. Problème : son ministre n'a aucun pouvoir à part celui qu'il se donne, il est prêt à tout mais apte à rien. Il veut empêcher l'usine de fermer, mais il n'a pas les clés. Va boire un verre quand c'est l'autre qui a les clés du bar !

Il est pire que les ouvriers de chez Peugeot : il est déjà au chômage mais il ne le sait pas. Il se protège lui-même en voulant défendre les autres. Certains mauvais esprits diront : « On appelle ça de la politique. » Justement, parlons-en.

La crise oblige les politiques à mentir encore plus que prévu ! En effet, s'ils avouent leur impuissance devant l'économie dominante et toute-puissante, c'est-à-dire s'ils disent la vérité, personne ne votera pour eux. S'ils nous promettent de posséder les clés du problème, ce que personne ne croira, ils auront nos voix.

Nous les poussons à mentir pour se plaindre ensuite d'avoir été trahis. Nous sommes l'essence même de l'absurdité démocratique.

Et ce n'est pas fini.

NOS OPTIONS DE VENTE SUR UNITED AIR LINES SONT FABULEUSES !...
ON SE GOINFRE ! LES CHIFFRES EXPLOSENT ...
LES DÉLOCALISATIONS, LES LICENCIEMENTS NOUS ASSURENT DE BEAUX BÉNÉFICES !
FAISONS PÉTER LE CHAMPA.....

ANCIEN SPÉCULATEUR
LES BANQUES PRÊTENT DE L'ARGENT EMPRUNTÉ ...
LES BANQUES PRÊTENT DE L'ARGENT EMPRUNTÉ ...
... LES BANQUES PRÊTENT DE L'ARGENT EMPRUNTÉ ...
... LES BANQUES PRÊTENT DE L'ARGENT EMPRUNTÉ ...
ET APRÈS ON DIT QUE C'EST MOI LE FOU...

Le FMI estime à 4 000 milliards de dollars le coût du renflouement des banques suite à la crise de 2008. Les Nations unies estiment à 40 milliards le montant annuel pour éradiquer la sous-alimentation dans le monde. Sans commentaire.

Il fallait faire un choix, gaver le cochon ou nourrir l'affamé.

Les banques sont donc encore plus grosses et plus puissantes qu'avant le drame, donc encore plus intouchables. En outre (grasse), elles savent maintenant que les États vont payer si elles sont de nouveau dans la panade. Le pire étant souvent synonyme du possible et l'absurde du vrai.

Pourquoi ? Parce qu'elles sont incontournables. Pourquoi ? Parce que quand un pays est endetté, il est obligé de passer par elles, les fonds d'assurances ou les investisseurs institutionnels pour emprunter du flouze, et si les banques centrales (nos banques) veulent prêter à un pays, même topo, obligation de transit par la porcherie financière. Résultat : les intérêts de la dette que nous payons annuellement dans l'Hexagone s'élèvent à la louche à 40 milliards d'euros, soit le montant de l'impôt sur le revenu. On se demande souvent où passent nos impôts : dans la nature spéculative. En un mot : on confie la cagnotte aux braqueurs. Elle est pas belle la vie ?

Ce n'est pas fini.

Hormis le fait que la crise engraisse souvent le cochon, le même cochon, appliquant l'adage éternel « On ne prête qu'aux riches », peut se retrouver à prêter aux pays nantis et bien notés par les agences porcines, à des taux d'intérêts

JE NE SAIS PLUS COMMENT FAIRE AVEC QUATRE BOUCHES À NOURRIR...
DEUX BOUCHES À NOURRIR !
ON N'EN A MÊME PLUS POUR QUATRE ?
TU PEUX VÉRIFIER... SI TU VEUX...
TU VOIS...
LARGE

négatifs ! Si l'on traduit en langage de la rue : les banques nous paient pour nous prêter de l'argent, pour éviter de prendre des risques. Le gros cochon engraisse les petits cochons et vend ses grains au prix fort au petit porcelet famélique. On nage en pleine discrimination financière, en plein racisme monétaire.

Comme dans la vie mais en plus grand. Mais que fait SOS racisme ?

En résumé, on a quelque fois l'impression qu'on nous prend pour des cons, mais là, on en est sûr.

Que faire pour sortir de ce cercle vicieux ?

Être encore plus absurde que l'absurdité. Il faut faire des économies ! Au hasard, plouf plouf : sur la santé, par exemple dans les hôpitaux. Nous voilà donc en train de nous débattre dans une société qui empêche les gens de mourir en fumant, en baisant, en travaillant, en mangeant, en roulant et j'en passe et qui n'hésiterait pas à les tuer directement à l'hôpital par manque de personnel, de moyens ou des distances trop longues à parcourir.

Et pendant ce temps, le « Louvre II » vient d'ouvrir à Lens la sinistrée des mines. Je sens qu'on tient un truc. Je flaire un avenir radieux pour la nation. Et pourquoi pas un musée d'« Orsay II » à Florange ? On a déjà le musée de la Mine à Truc, le musée du Textile à Machin, le terril qu'on visite ici, l'ancienne usine qu'on parcourt là, le site industriel réaménagé en souvenir ailleurs…

Et si on faisait de la France un vaste musée ?

Des cars de Chinois, d'Indiens, de Russes, du monde entier viendraient nous visiter. Nous serions en tenue de scène, figurants de notre propre passé, on ferait semblant de bosser dans les décombres aménagés du temps florissant de notre industrie, dans les ruines de notre essor d'antan. « Ici avant des gens travaillaient » serait inscrit aux entrées des anciennes usines, des mines antiques. « Ici avant des gens venaient se faire soigner », lirait-on sur une stèle plantée devant un centre hospitalier envahi par les plantes.

Maintenant ils jouent une comédie absurde, mais l'entrée est payante. Il ne faut pas exagérer, l'emploi c'est vital, c'est l'avenir.

AVEC LA CRISE, NOUS ALLONS METTRE MOINS DE FIBRES PAR CORDE...
ADIEU LA CRISE ...
CRAC

ON LE FAIT CE LIVRE SUR LA CRISE ?
OUI... UN LIVRE QUI S'ADRESSE AUX PAUVRES...
C'EST BIEN L'ASSURANCE DE NE PAS SE FAIRE DES COUILLES EN OR...

La crise, c'est à cause des pauvres

« Acheter moins cher rend pauvre. »

Les pauvres s'appauvrissent eux-mêmes et ne le savent pas. Bref, ils sont responsables de la crise sans en être conscients ; les victimes sont en fait les bourreaux. Mais le pauvre est con, la preuve, on dit toujours « pauvre con ». Il croit ce qu'on lui dit ou ne croit plus en rien.

Il veut acheter la même chose que les riches mais il n'a pas d'argent. Pour éviter toute forme de discrimination sociale, tout a été fait pour que le pauvre puisse acheter sans que les marchands du Temple perdent leurs bénéfices. Résultat : à cause de la compétitivité acharnée, d'une productivité toujours optimisée, de la baisse des coûts, de la réduction des marges, de la délocalisation… le « sans-le-sou » peut s'acheter sa voiture et son poulet à bas prix, mais ensuite, il n'a plus de travail !

En résumé, si le pauvre travaille dans l'industrie automobile, il peut dire fièrement : « J'ai une voiture, mais je suis viré de l'usine qui la fabrique. » Il peut utiliser son véhicule pour aller chercher du travail loin de chez lui, mais il ne peut plus faire le plein d'essence, ni rembourser son canapé qui commence d'ailleurs à partir en lambeaux.

À moins de s'endetter encore plus, grâce à de multiples organismes de crédit. Il se retrouve donc avec des chaînes aux pieds qui font le bonheur de ceux qui les lui ont passées.

C'est pour cette raison que, quand un pauvre vous dit : « J'ai pris une carte Kangourou à la Redoute », répondez-lui : « J'aurais pu t'enculer moi-même. »

Il va monter en grade et passer du statut d'endetté à celui de surendetté. Il sera, par le fait, encore plus contrôlable socialement, preuve qu'une carotte, quand elle est assez dure, fait un excellent bâton.

Prenez maintenant la crise des subprimes en 2008 qui a plongé l'Occident dans le rouge, la faute à qui ? Aux pauvres américains !

Quelle que soit la nationalité, les pauvres ne sont pas fiables.

Le principe, très simple, consistait pour le pauvre à payer à crédit une maison qui ne lui appartiendrait jamais.

Pour la banque, cela consistait à consentir un prêt impossible à rembourser, mais dont la dette était garantie par la spéculation boursière sur le cours du pauvre.

Le tout se terminant en apothéose par la crise des subprimes qui a inévitablement suivi : des milliards perdus suite à l'effondrement du cours du pauvre.

Le pauvre est incapable de se maintenir, même au niveau le plus bas. Il s'effondre toujours plus, c'est un puits sans fond. Voilà pourquoi il finit souvent sur le trottoir, entraînant dans sa chute la population moyenne qui n'avait rien demandé puisqu'elle avait déjà ce qui lui fallait.

Mais positivons. Malgré une société à deux vitesses, une baisse du pouvoir d'achat, une montée du chômage, de la

YES WE KHAN
AGENCE DE NOTATION
FMI
PAS DE CONFLITS D'INTÉRÊT CE SOIR... J'AI LA MIGRAINE !!!
JUST ♡ MARRIED
DOMMAGE JE SENS UN PETIT TAUX DE CROISSANCE !!!
VIAGRA
ATTALI

CRISE SEXUELLE

dette, des fermetures d'usine à la pelle, un taux de croissance dans les chaussettes et une sortie du tunnel prévue dans un certain temps incertain, quelques entreprises font preuve d'une vitalité et d'un dynamisme à toute épreuve. 20 % de clients en plus tous les ans depuis 2009 pour le Secours populaire et les Restaurants du cœur ! Cessons d'être dévorés par le défaitisme et prenons exemple.

Autre raison de se réjouir : en France, malgré la crise, ça copule un maximum ; la courbe démographique suit celle du chômage, c'est vous dire. Nous enfantons bien plus qu'en Allemagne, comme quoi ce n'est pas le taux de croissance ou la balance commerciale qui font bander. Et plus les gens sont pauvres, plus ils forniquent, le temps libre certainement, les autres vont au Carlton de Lille.

L'enfant, en période de crise, est donc devenu une valeur refuge, un peu comme la pierre, mais ça fait moins mal.

D'après une étude internationale très fouillée, nous sommes le peuple le plus pessimiste du monde. Les pays les plus optimistes du monde étant les pays pauvres ou en guerre, ou les deux.

Les premiers sont jeunes et gais, nous sommes vieux et tristes.

Pourtant, nous avons des pauvres, de plus en plus nombreux, mais qui n'arrivent pas à nous redonner le sourire. Décidément…

Alors, faut-il accélérer la pauvreté et déclarer la guerre à l'Allemagne, pour retrouver le sourire ?

En temps de crise, on nous prend pour des cons plus que d'habitude

« À quoi ça sert de violer les gens quand on peut les baiser. »

S'il y a bien un dénominateur commun qui nous réunit quels que soient notre niveau social, notre religion, notre couleur, notre culture, notre sexe, un point commun international face à la crise, c'est l'incompréhension. Personne, surtout pas le pseudo-spécialiste, n'est capable d'expliquer le pourquoi du comment. Allez faire un tour au café du Commerce ou au bar de Sciences-po, il y a autant de théories que de consommateurs.

Ce n'est pas un manque de volonté ou d'intelligence ; tout est fait pour complexifier afin que l'on n'y comprenne rien. À se demander si ce n'est pas un peu fait exprès.

Le principe de base reste très simple et brosse notre fainéantise cérébrale dans le sens du poil : « Tout cela est rébarbatif, vous échappe totalement, laissez faire les spécialistes, on s'occupe de tout, allez jouer dans le bac à sable, on vous enverra la note. »

Le vocabulaire et la sémantique en temps de crise, jumelés à la recrudescence d'experts qui débattent contradictoirement entre eux pour nous laisser croire qu'un choix illusoire existe encore, y participent pleinement.

Par exemple, on ne dit plus capitalisme, le gros mot a été remplacé par économie de marché, plus lyrique. Ou

L'EUROPE A UN CÔTÉ ALLEMAND ET UN CÔTÉ GREC...

LA CAROTTE ET LE BÂTON... J'VOYAIS PAS ÇA COMME ÇA ...

LA DISTINCTION OPÉRÉE ENTRE LE DÉFICIT STRUCTUREL ET LE DÉFICIT DES DÉPENSES D'AVENIR EST BÉNÉFIQUE. À CONDITION, BIEN SÛR, D'ÊTRE CONSCIENT DU FAIT QUE SI LE DÉFICIT CONJONCTUREL A VOCATION À SE RÉDUIRE AVEC LE RETOUR PROGRESSIF DE LA CROISSANCE, SA TRACE SUR LA DETTE PUBLIQUE SERA, ELLE, PERSISTANTE.
LES VÉRITABLES QUESTIONS SONT DE SAVOIR À QUEL MOMENT LES DÉFICITS PUBLICS RÉDUISENT L'ACTIVITÉ ET À QUEL MOMENT LES DETTES PUBLIQUES NE PEUVENT PLUS ÊTRE ABSORBÉES PAR LES MARCHÉS FINANCIERS. EN OUTRE, ON PEUT SEGMENTER LA DETTE PUBLIQUE ENTRE UNE DETTE COURANTE, UNE DETTE D'AVENIR, ETC. MAIS C'EST UNE MAUVAISE IDÉE SUR LE PLAN MACROÉCONOMIQUE ET UNE BONNE PSYCHOLOGIQUEMENT..

capitalisme à visage humain, sorte de monstre à qui l'on a mis un masque pour ne pas effrayer la population.

On parle de recapitaliser les banques, plutôt que de dire simplement : transformer l'argent virtuel en argent réel, c'est-à-dire le nôtre.

On dit que la crise est systémique, pour ne pas dire systématique, qui serait trop explicite. Systémique, c'est systématique en plus brillant, on enlève le mat. Le tout saupoudré de chiffres contradictoires, de toute façon tellement colossaux qu'ils en deviennent irréels, immatériels, donc illisibles.

Nous sommes élevés au CAC 40, au PIB, à l'indice de ceci, au taux de cela. Ce sont nos thermomètres journaliers censés graduer notre bonne santé. Si la température est mauvaise les grands « marabouts » du pouvoir et de la finance nous prescrivent une ordonnance. On ne connaît pas l'origine de la maladie, est-ce un virus, un cancer, un ulcère ? On ne saura jamais, l'essentiel c'est de soigner pas de guérir.

Mais c'est quoi tous ces trucs ?

Prenons le PIB (produit intérieur brut). Eh bien, c'est une foutaise, une vieillerie qui date de l'après-guerre, un machin caduc, qui ne tient pas compte de l'évolution des sociétés. Et pourtant c'est la base de tous les calculs et de toutes les réformes. Le thermomètre ne marche plus, pourquoi l'utiliser pour un diagnostic ? Une preuve : pourquoi, quand le PIB triple, le pouvoir d'achat, lui, reste au même niveau ?

Il y a une couille dans le potage. Mais visiblement pas dans tous les potages. Passons au Produit Intérieur Doux et qu'on n'en parle plus !

Et les agences de notation ! Avant le krach de 2008 on ne savait même pas qu'elles existaient, depuis elles font la pluie et le beau temps, elles donnent le « la » à la symphonie économique mondiale.

Pourtant, ce sont elles qui, avant le lancement de la crise, avaient donné un magnifique AAA aux banques qui possédaient les fonds les plus pourris de la planète. Elles qui sont responsables au premier rang du marasme actuel. Logiquement, les pouvoirs politiques auraient dû les juger et fermer la boutique à fric. Au contraire, ils leur ont donné les clés.

À elles, qui sont aussi indépendantes du système financier que ma couille droite l'est de ma couille gauche, avec un truc qui pendouille au milieu : le conflit d'intérêt.

Nous sommes passés de l'économie du salut au salut par l'économie. Après l'eau, privatisons l'air, allons au bout du système. Et quand les premiers mourront d'asphyxie, nous nous rendrons peut-être compte que l'on nous a, non pas pris pour des cons, mais que nous l'étions vraiment.

"MORALISER LE CAPITALISME : AUTANT HUMANISER LA PEINE DE MORT..."
ÇA VA ? ÇA SERRE PAS TROP ?
ON

En temps de crise, le rêve devient un luxe et l'Europe du flanc

« Sans argent, on peut encore s'en sortir,
mais sans espoir… »

Les gens sont perdus ; plus de repères, plus de valeurs, l'avenir qui est devenu un concept. En attendant des jours meilleurs les gens se nourrissent de vide et deviennent de plus en plus gros. Paradoxe, tout est paradoxe.

Et le danger pointe son nez.

La crise relance les religions et booste le nombre d'adhérents d'extrême droite, c'est ça ou les anxiolytiques. Dieu, la haine ou le Temestat, des bons placements pour les actionnaires.

La crise crée de la médiocrité

Mais qui va nous sauver ? L'Europe !

Ah, l'Europe ! Union sacrée née du marché, qui a grandi avec le marché, par le marché et pour le marché, pourtant il devient de plus en plus cher d'y faire ses courses.

À part ça l'Europe est partie d'une merveilleuse idée : si on achetait tous notre pain avec le même argent, ce serait comme si on avait tous la même boulangerie, on y gagnerait au change et ce serait la paix. Mais en cas de crise, l'Europe c'est la mésentente cordiale. La règle d'or se barre en sucette et les nationalismes se durcissent. L'union sacrée n'existe plus, sauf peut-être…

IL RELIE LES CONTINENTS SANS BRAS ET SANS JAMBES

LE G20
CONTRE LA CRISE
CENTRAL BANK
GOVERNORS'
MEETING
MARTINE, VEUILLEZ NOUS PORTER 20 MAGNUMS DE DOM PÉRIGNON ET 20 KILOS DE CAVIAR ALMAS POUR NOS CONVIVES...

Pour voler au secours des banques la communauté européenne a mis cinq jours, pour venir au secours de la Grèce, des mois. Tout cela vaut bien un prix Nobel. Comment voulez-vous qu'on y comprenne quelque chose ?

Mais comment va-t-on s'en sortir ?

Une surconsommation vertueuse et ultime si plus rien ne marche : la guerre. Non, il faudrait rendre le prix Nobel.

D'autres solutions existent ; vendre la tour Eiffel au Qatar, le tombeau de Napoléon aux Anglais, le Mont-Saint-Michel aux Chinois, limiter la vitesse à 20 km/h sur les autoroutes, mettre une amende à chaque joueur de foot qui rate un but, imposer un centime par clic sur Internet, offrir une croisière Costa à chaque nouveau retraité… Je ne sais plus.

Et si cela ne suffit pas, nous nous boufferons entre nous pour consommer français !

Une seule certitude : il faut sortir du cercle dans lequel nous sommes tous enfermés, penser autrement pour entrer dans le cercle de la raison. S'il n'y a que deux solutions possibles, imaginons-en une troisième, celle à laquelle nous n'avons pas encore réfléchi, qui se trouve hors système, dans une contrée où les cerveaux sont encore vierges et non pollués.

En priant pour l'homme ou la femme providentiels qui n'existent pas. Et si c'était nous ?

500
500
500 EURO

Table

Achevé d'imprimer en février 2013
Imprimé en Union européenne